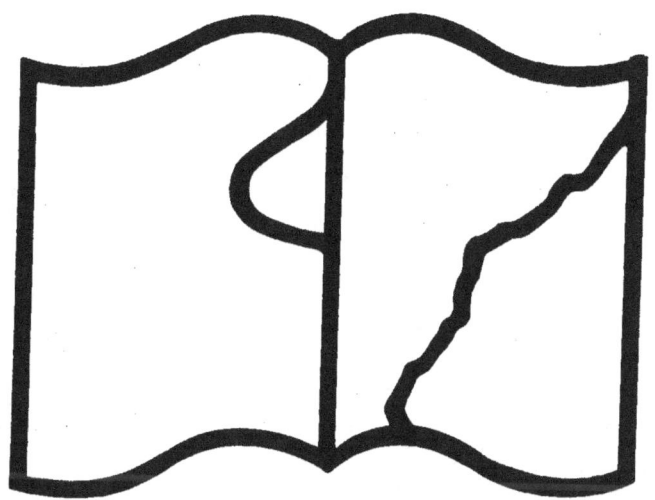

Texte détérioré — reliure défectueuse

NF Z 43-120-11

V

COURS MÉTHODIQUE
DU DESSIN ET DE LA PEINTURE.

Le COURS MÉTHODIQUE DU DESSIN ET DE LA PEINTURE se trouve aussi chez l'Auteur, rue de l'Ecluse, n° 27, à Batignolles (extra muros).

Les exemplaires voulus par la loi ayant été déposés à la Direction de l'Imprimerie, ceux non revêtus de la signature de l'Auteur seront réputés contrefaits, et tout contrefacteur ou débitant de contrefaçons de cet ouvrage sera poursuivi suivant la rigueur des lois.

L. Delaistre

IMPRIMERIE DE HENNUYER ET TURPIN, RUE LEMERCIER, 24.
Batignolles-Monceaux.

COURS MÉTHODIQUE
DU DESSIN ET DE LA PEINTURE

CONTENANT

LES ÉLÉMENTS DE LA GÉOMÉTRIE, DE L'ARCHITECTURE CIVILE, MILITAIRE ET NAVALE;
LA PERSPECTIVE LINÉAIRE ET AÉRIENNE; L'ANATOMIE ET LES PROPORTIONS DU CORPS HUMAIN; L'EXPRESSION DES PASSIONS;
DES PRÉCEPTES SUR LE PORTRAIT, LE PAYSAGE ET LES FLEURS; L'ANATOMIE VÉTÉRINAIRE;
LA COMPOSITION DU SUJET, ET LA CHIMIE DES COULEURS;

PRÉCÉDÉ

D'UNE NOTICE HISTORIQUE SUR L'ART ET LES ARTISTES;

et d'un Discours sur l'Enseignement artistique;

PAR LOUIS DELAISTRE,

MEMBRE DE LA SOCIÉTÉ LIBRE DES BEAUX-ARTS.

Atlas,

composé de 31 planches dessinées par l'auteur et gravées par lui ou sous sa direction.

PARIS,
CARILIAN-GOEURY ET V^{oe} DALMONT,
LIBRAIRES DES CORPS ROYAUX DES PONTS ET CHAUSSÉES ET DES MINES,
QUAI DES AUGUSTINS, 39.

M DCCC XLII.

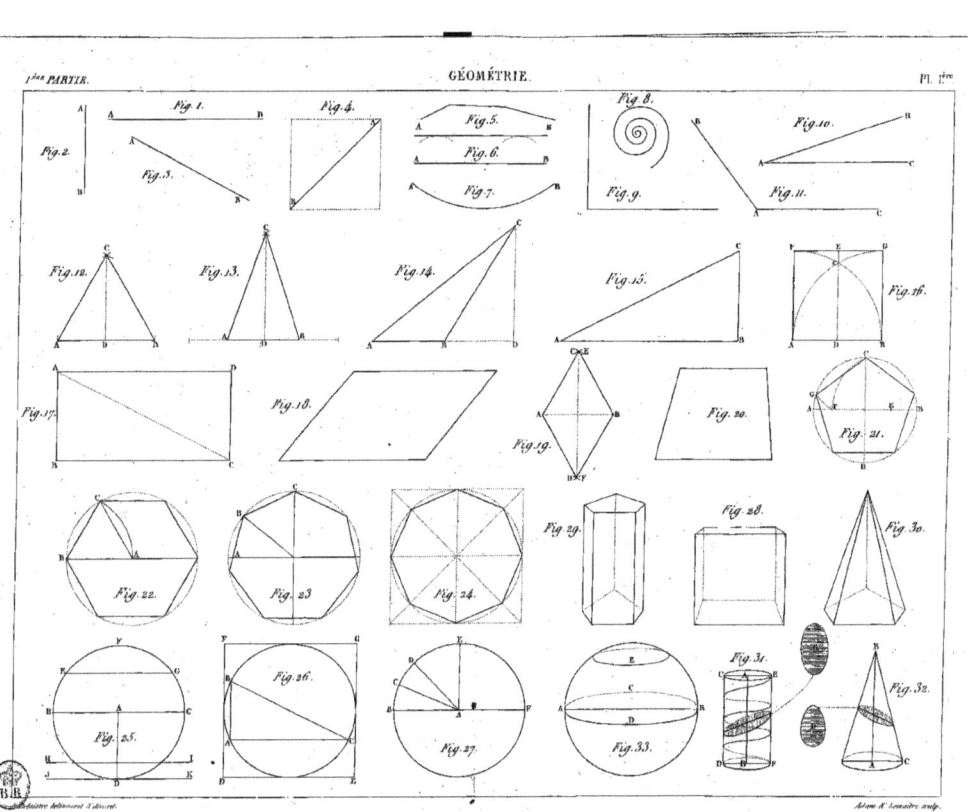

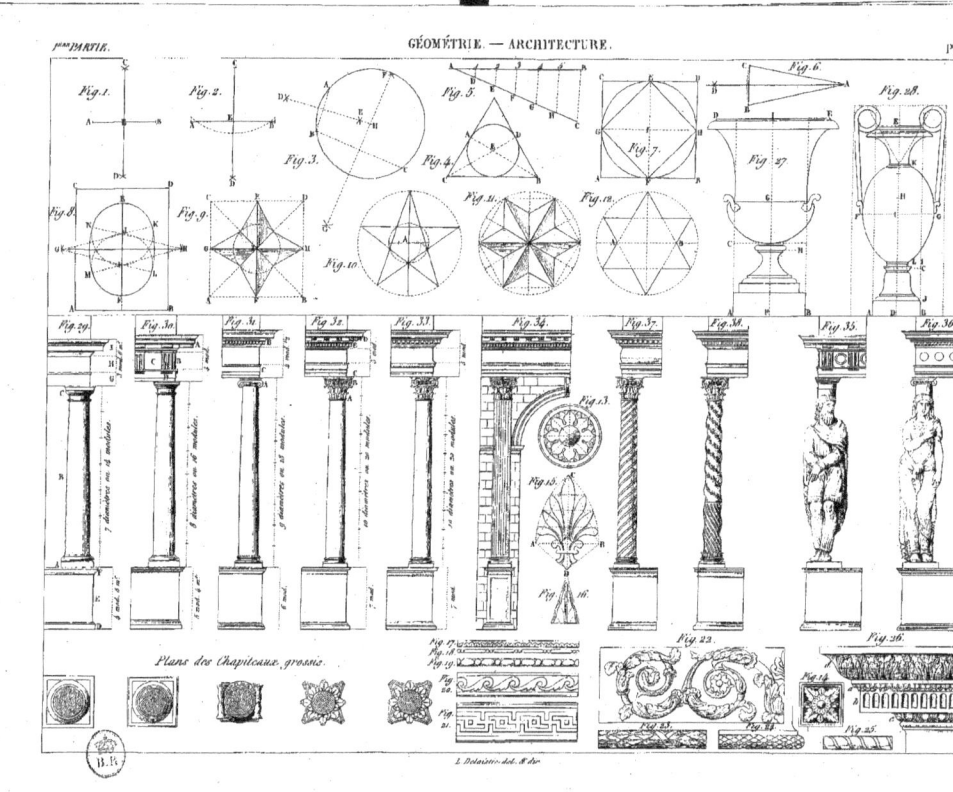

GÉOMÉTRIE. — ARCHITECTURE.

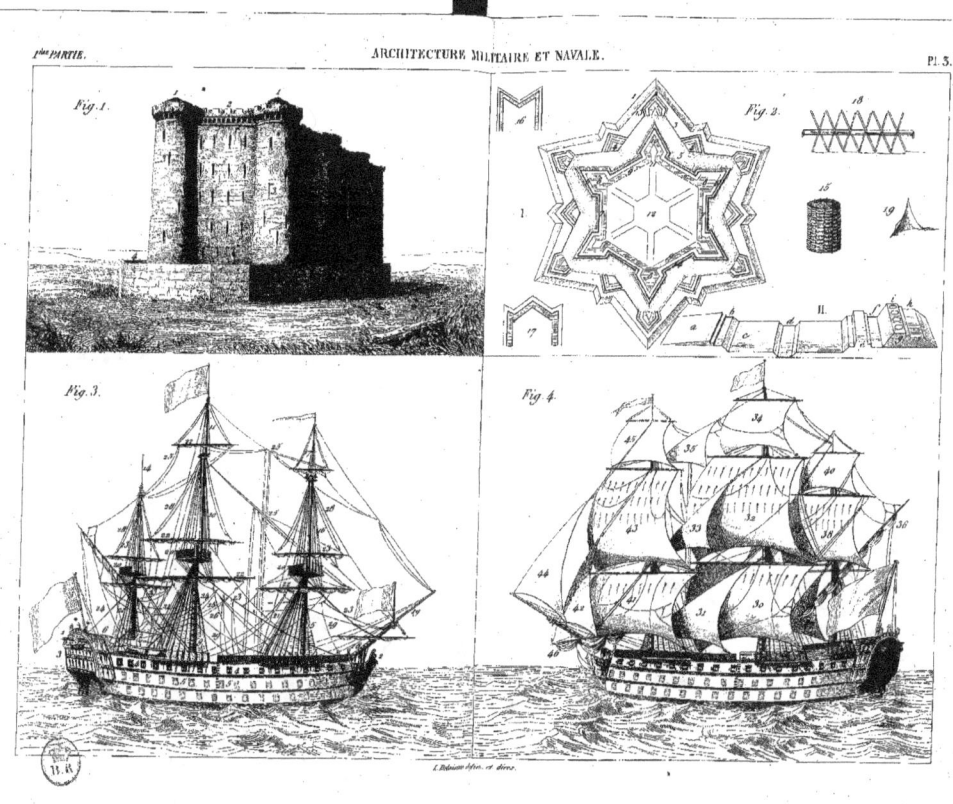

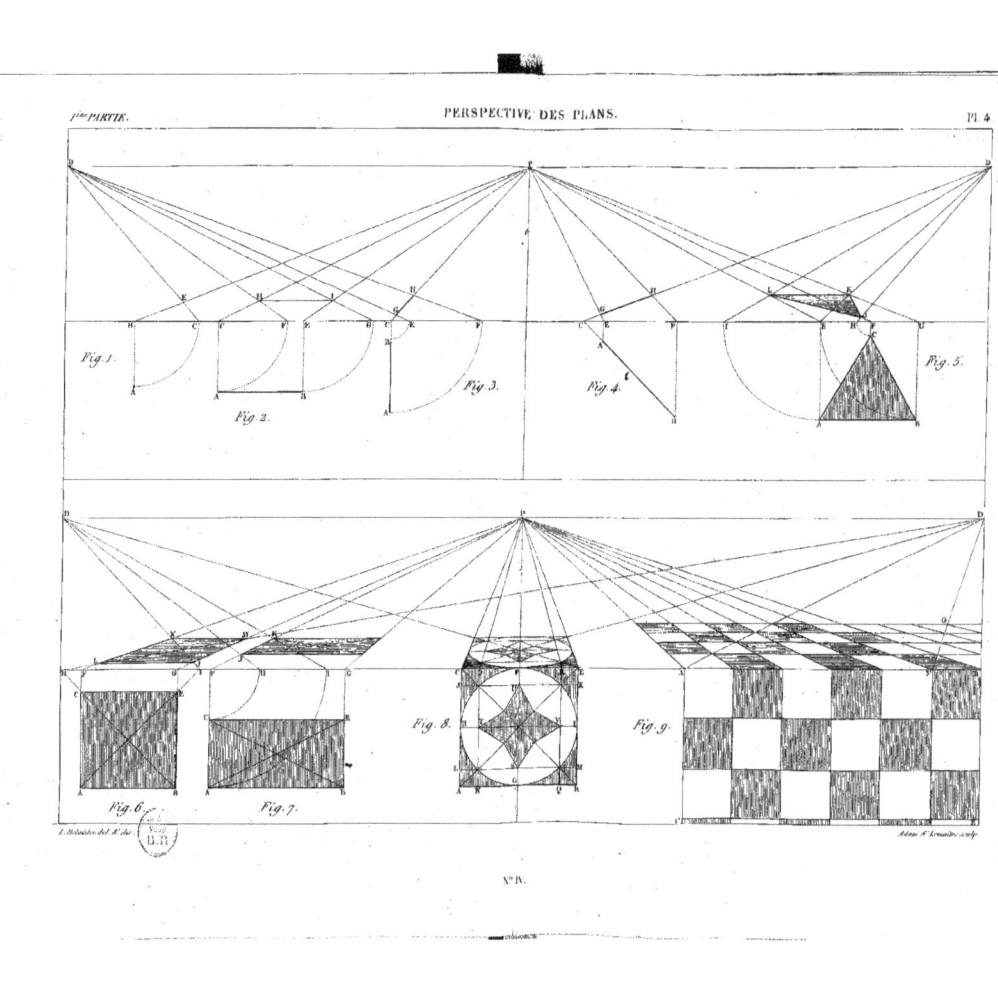

1ère PARTIE.   PERSPECTIVE DES PLANS.   Pl. 5.

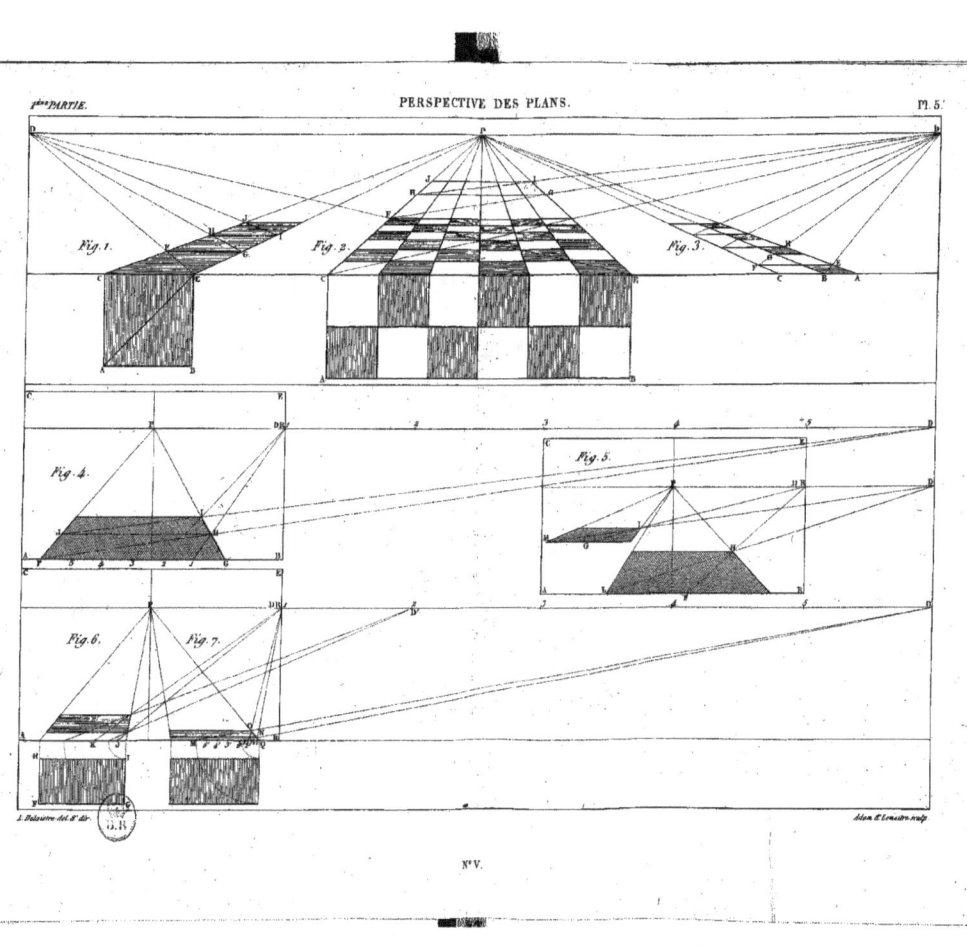

N° V.

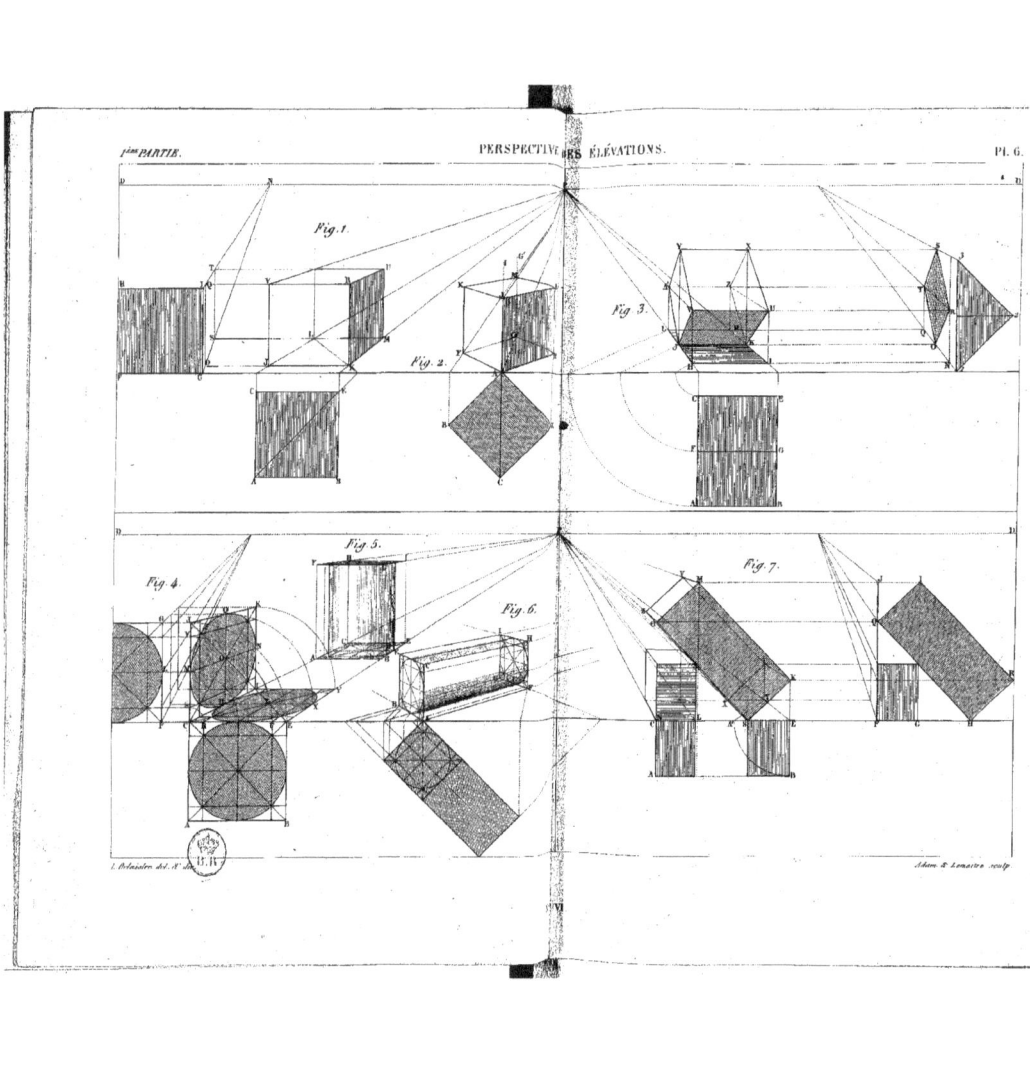

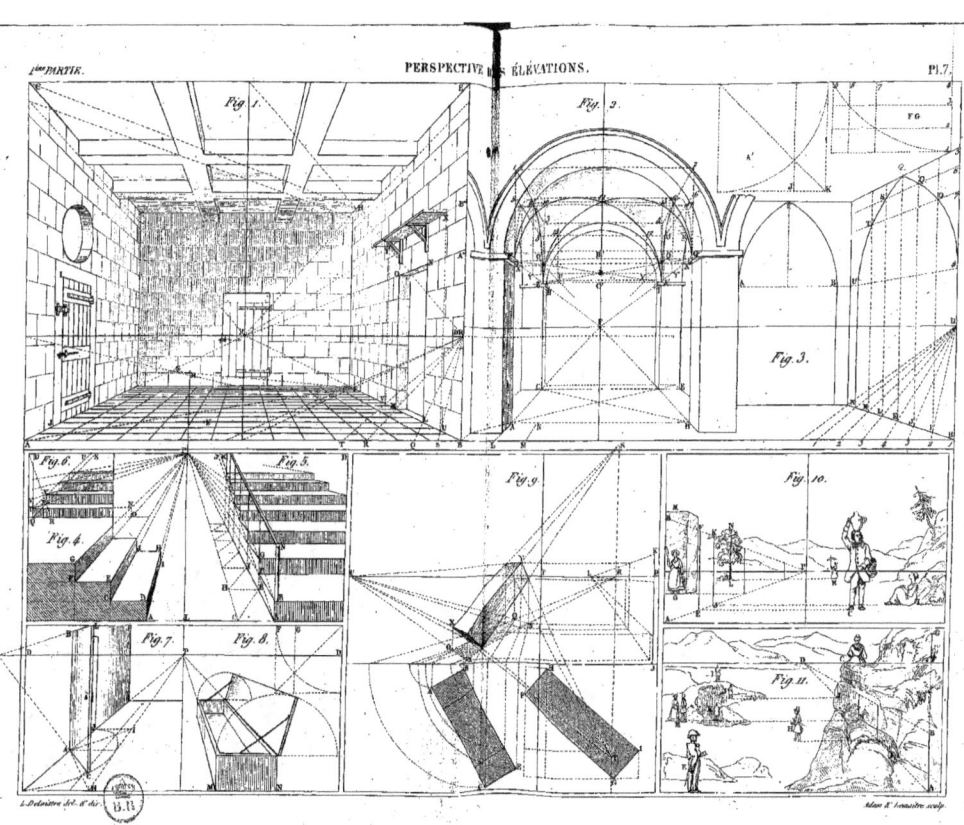

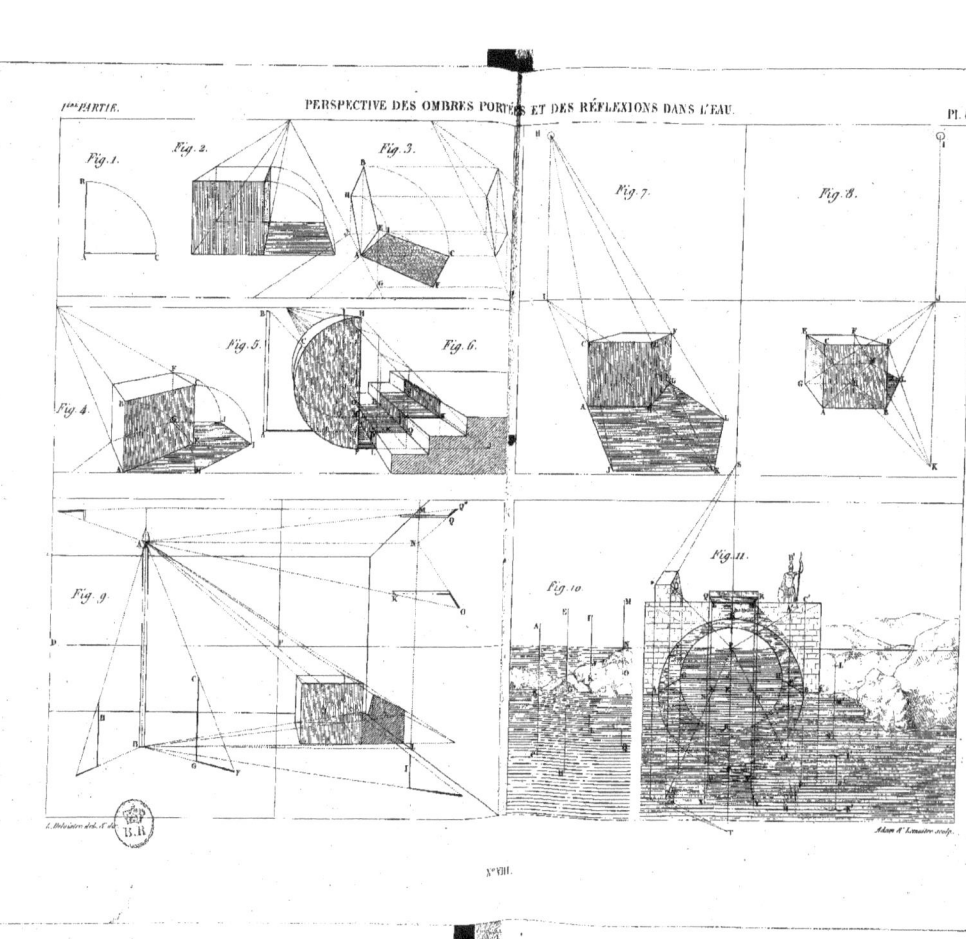

Reliure serrée

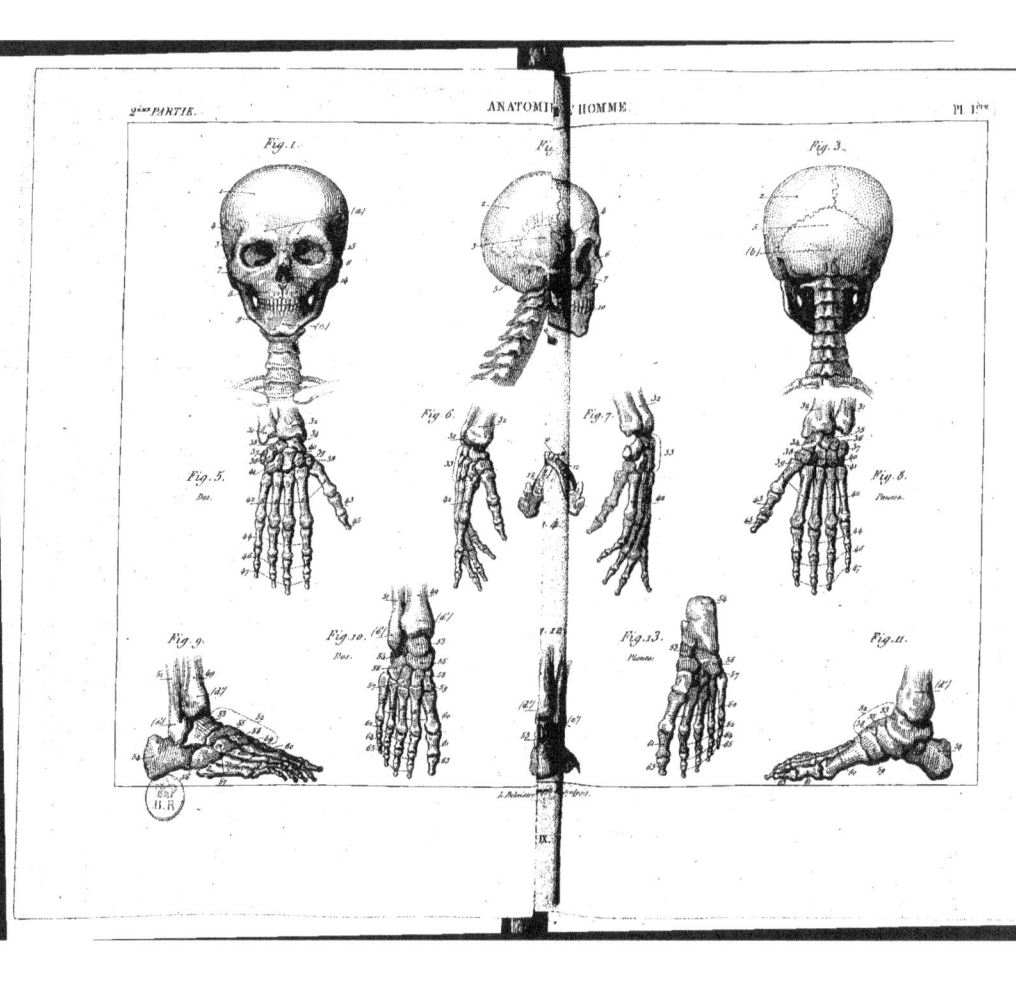

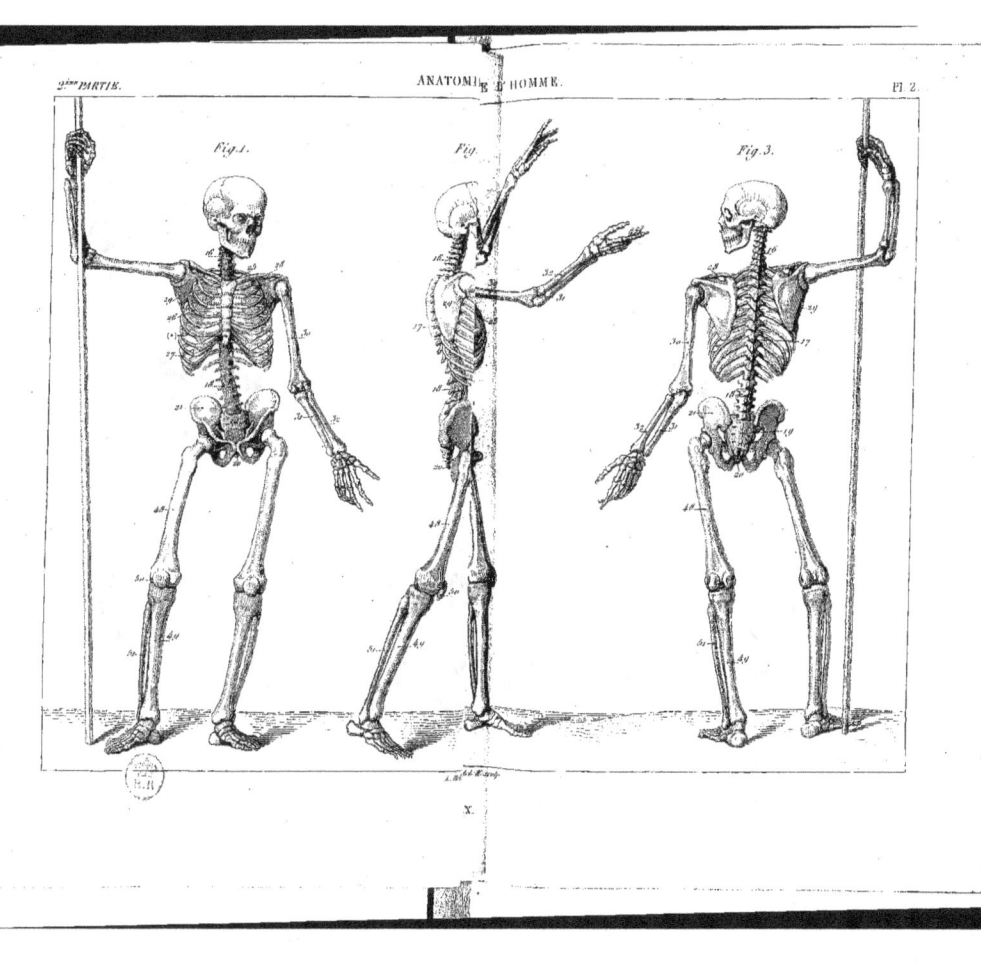

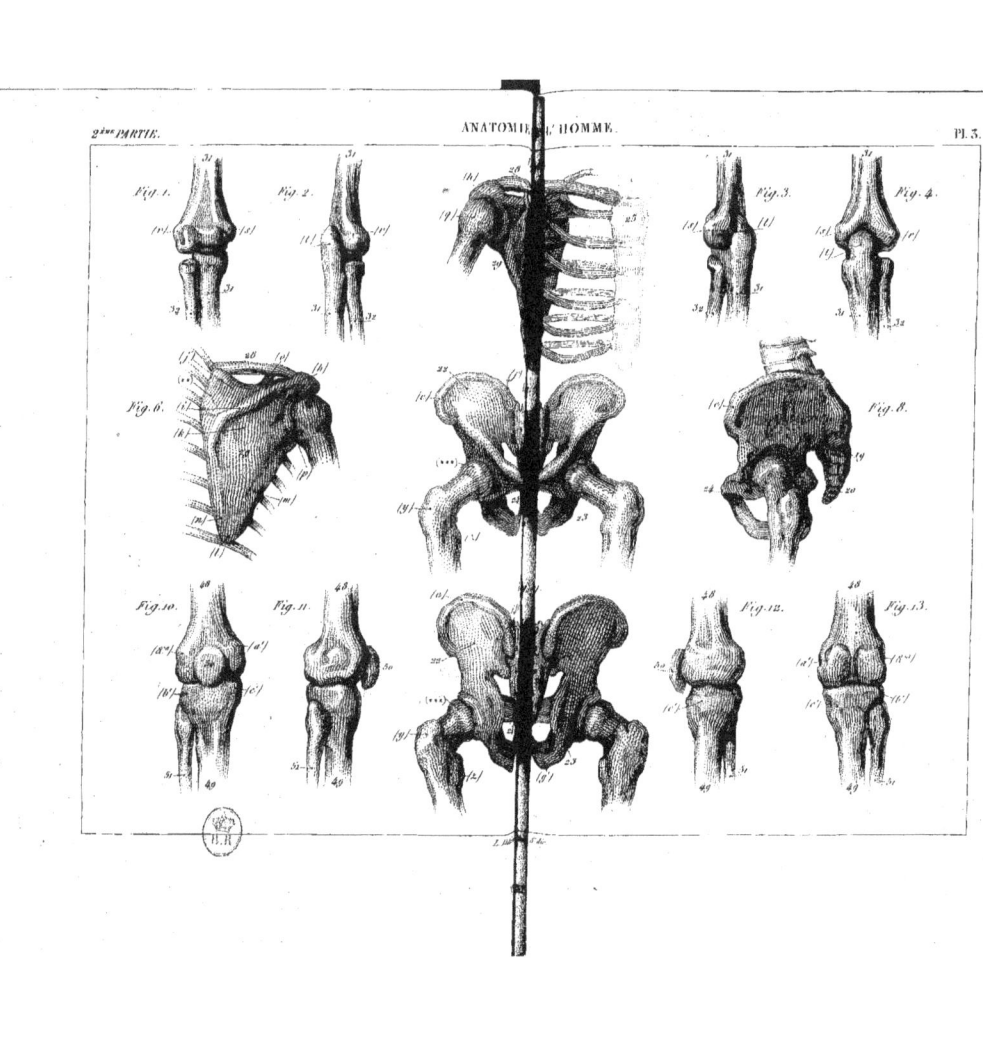

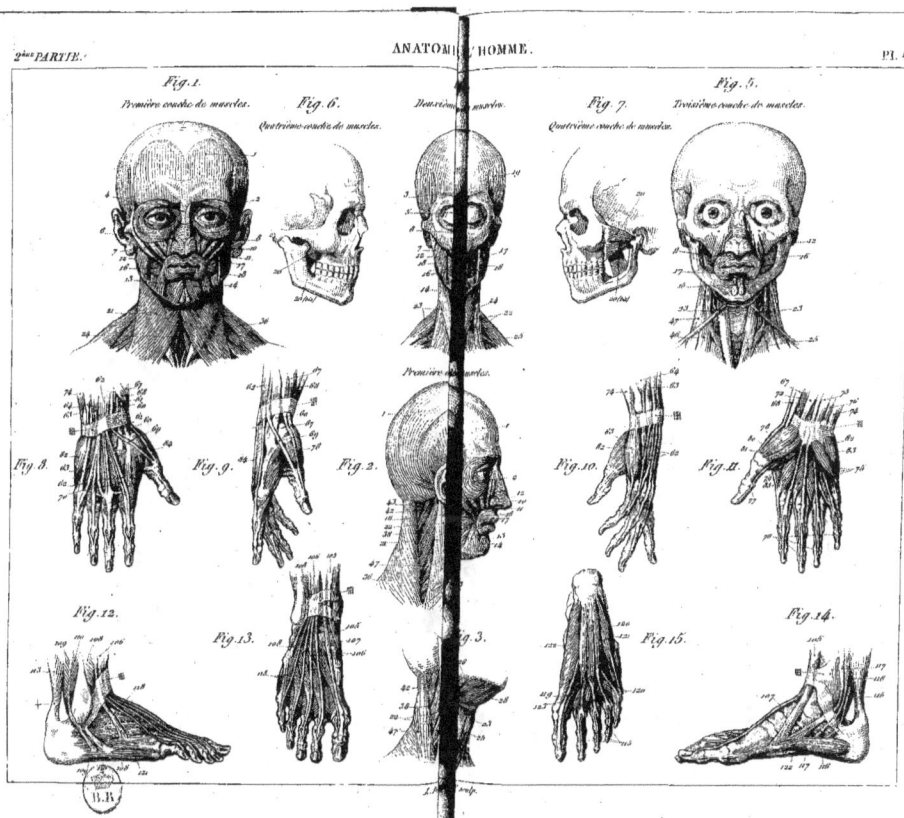

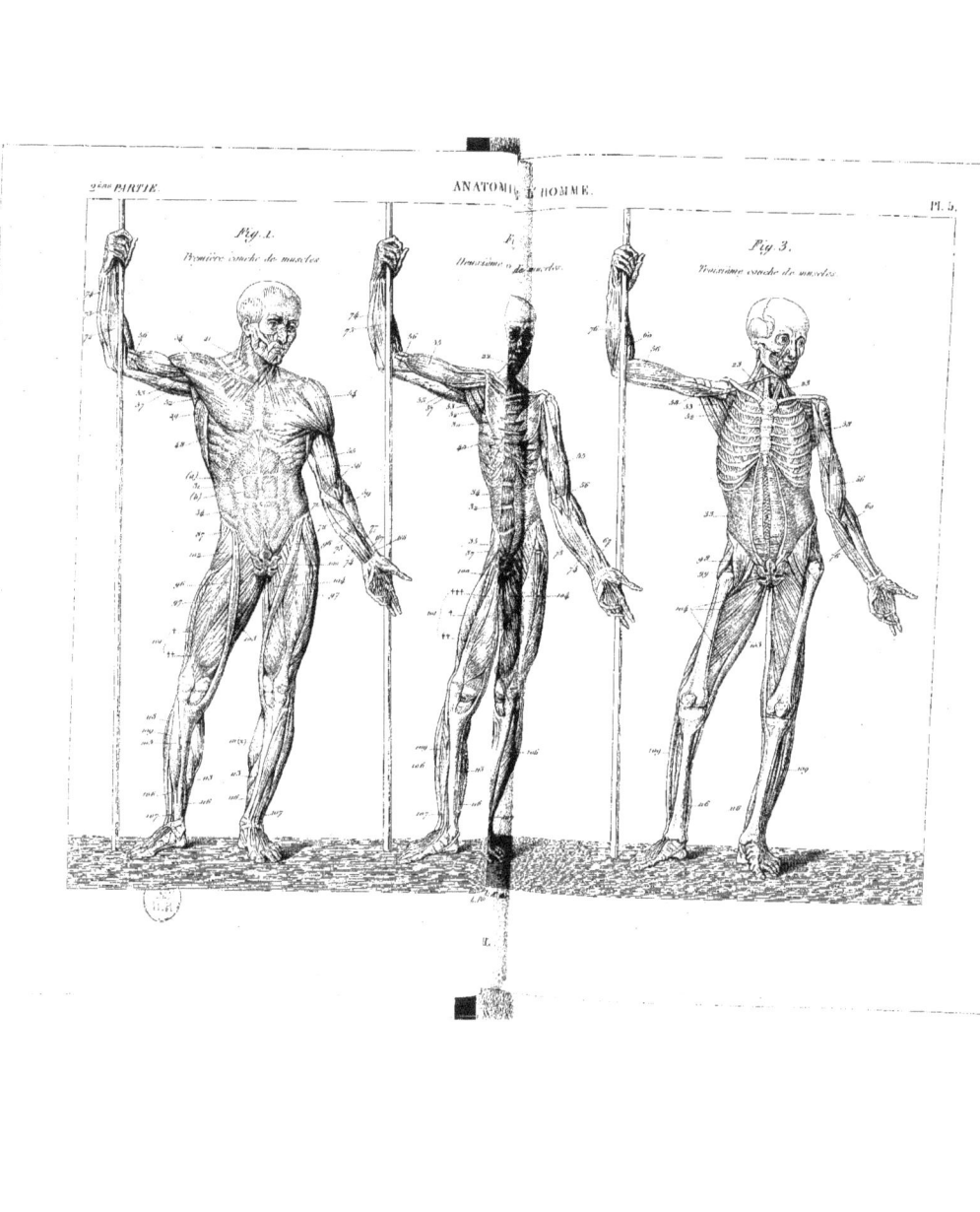

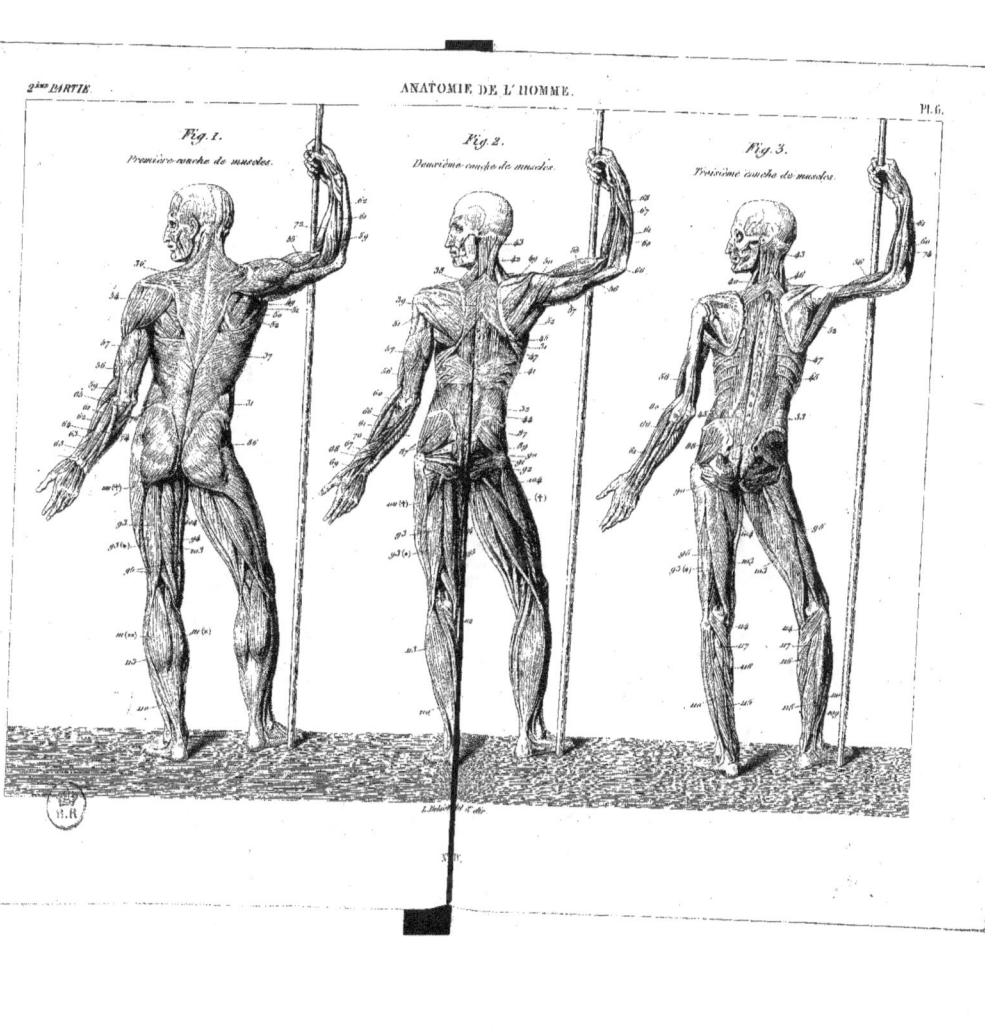

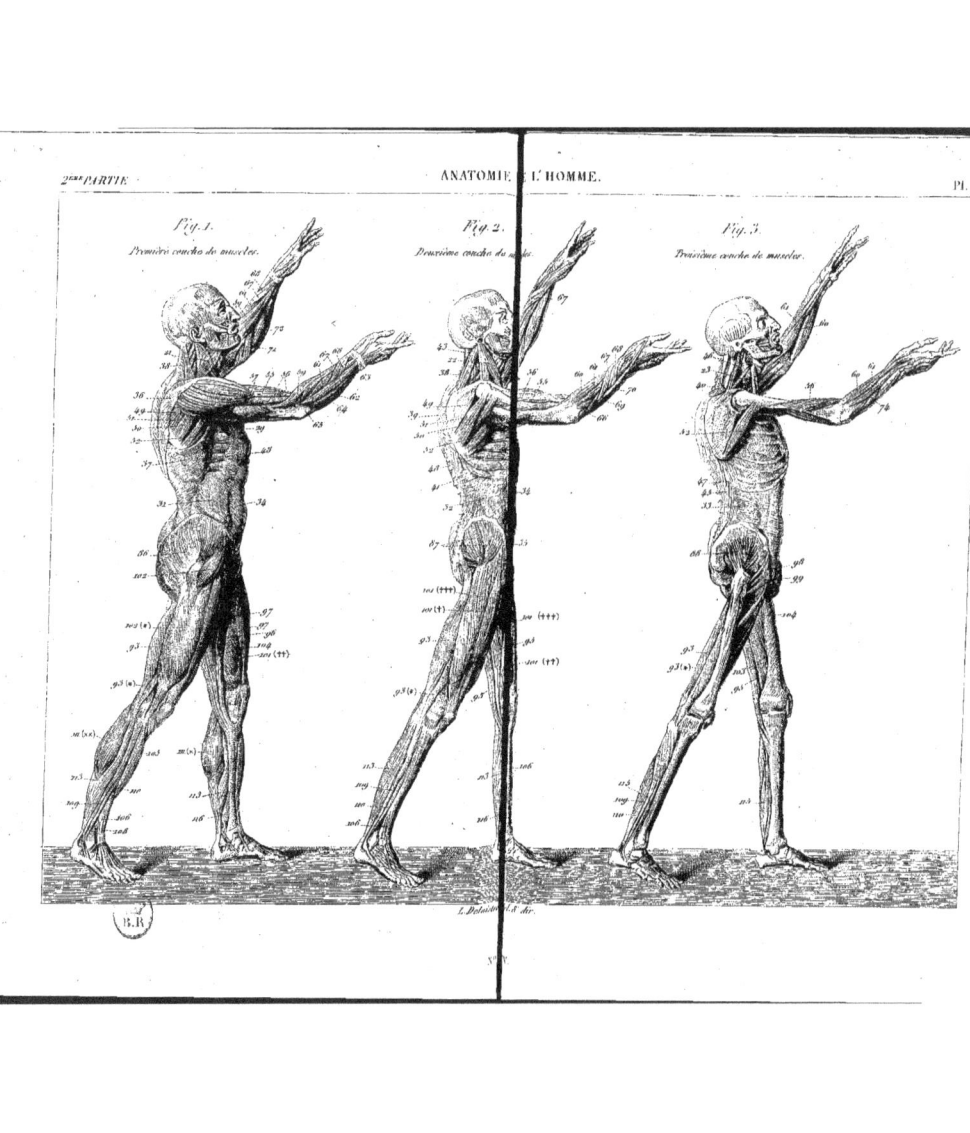

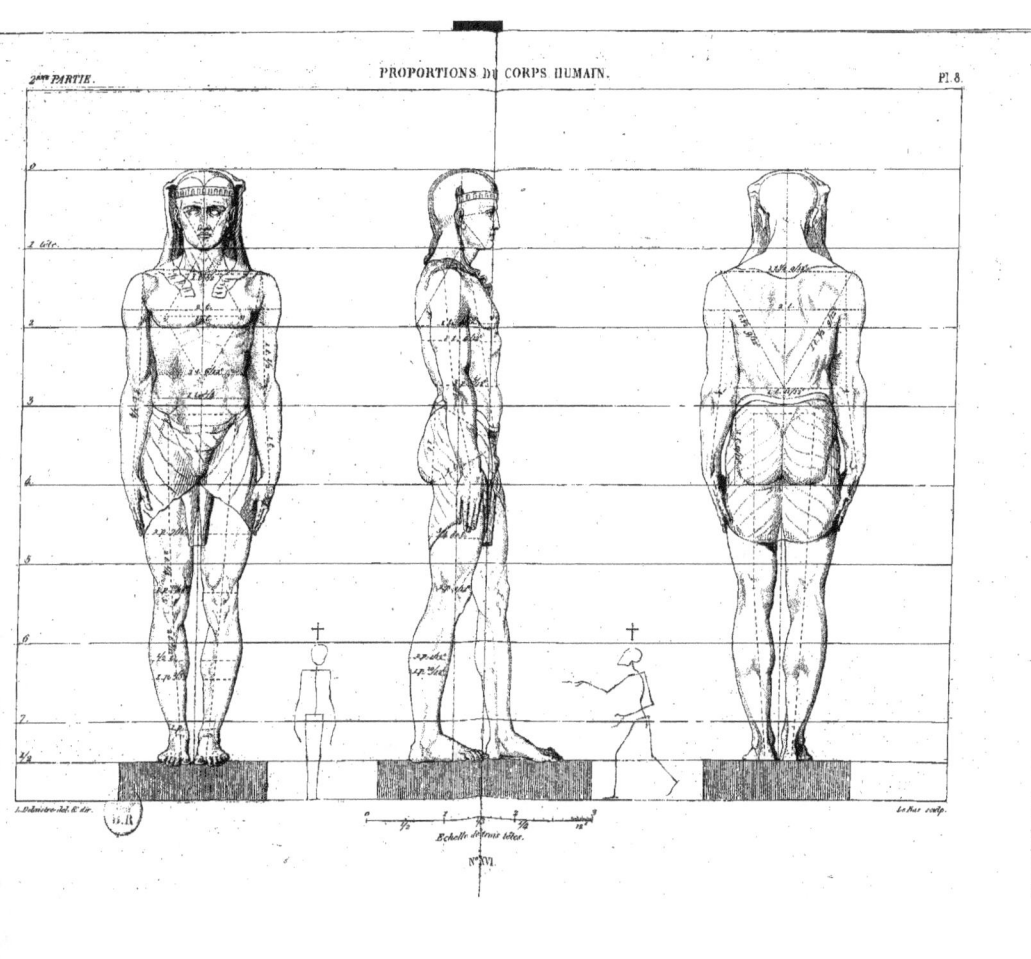

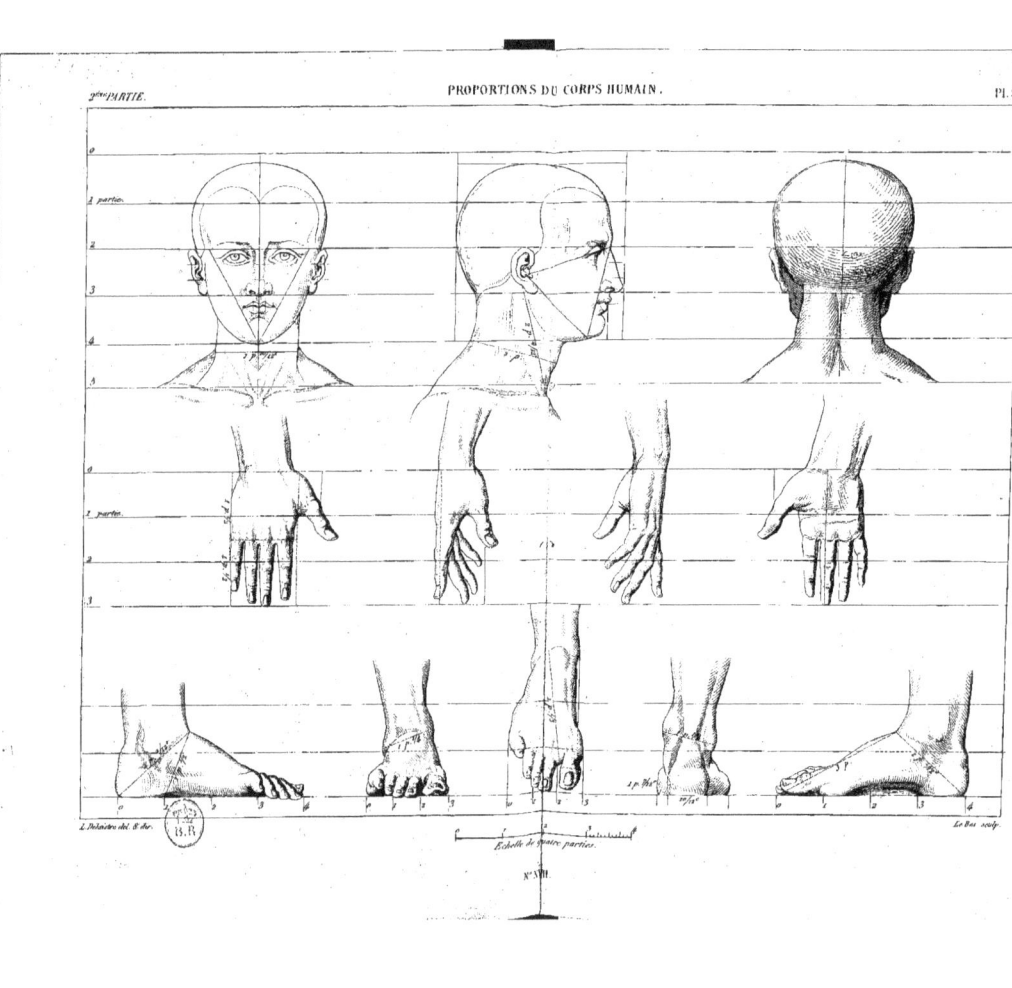

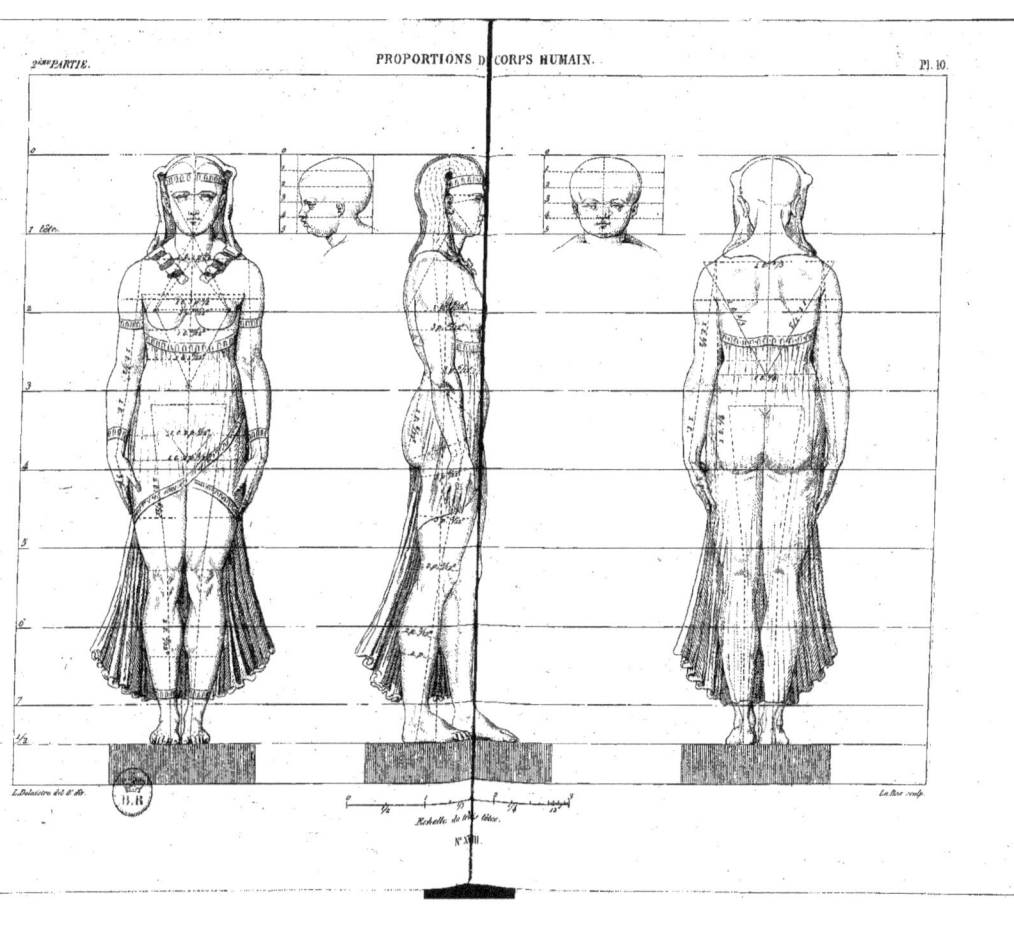

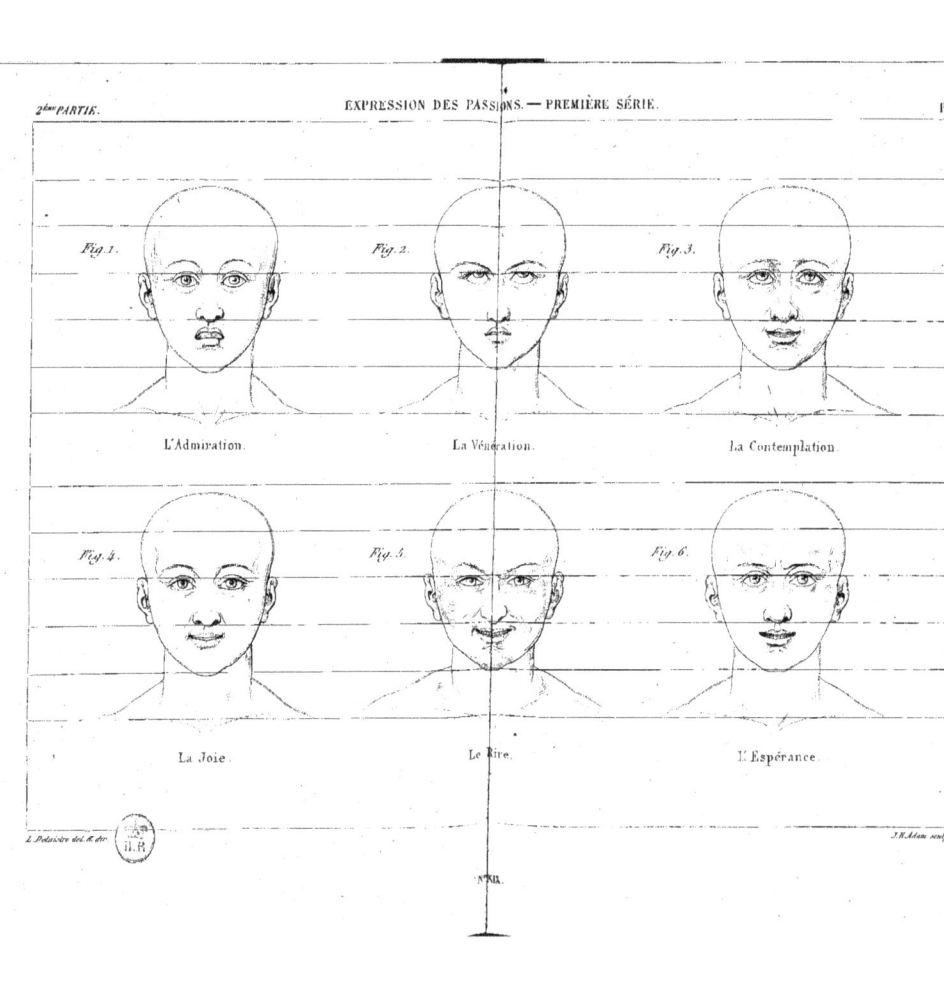

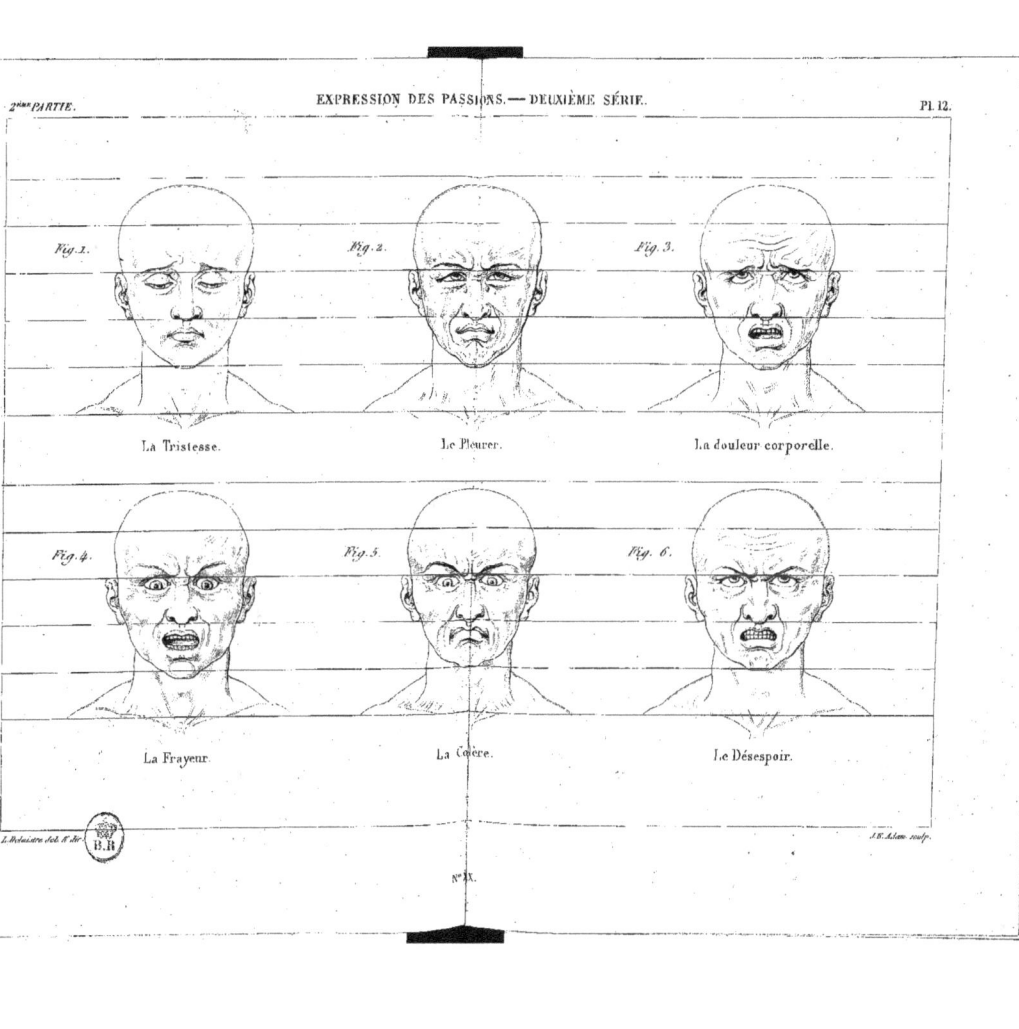

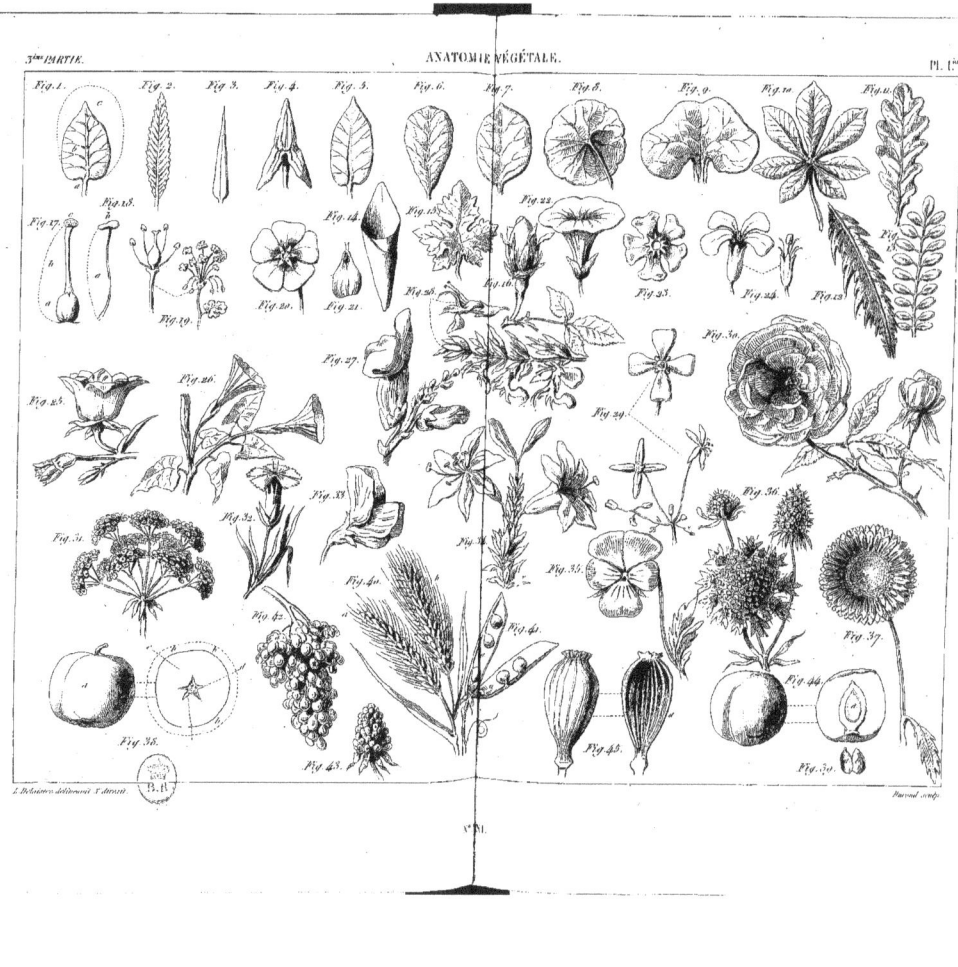

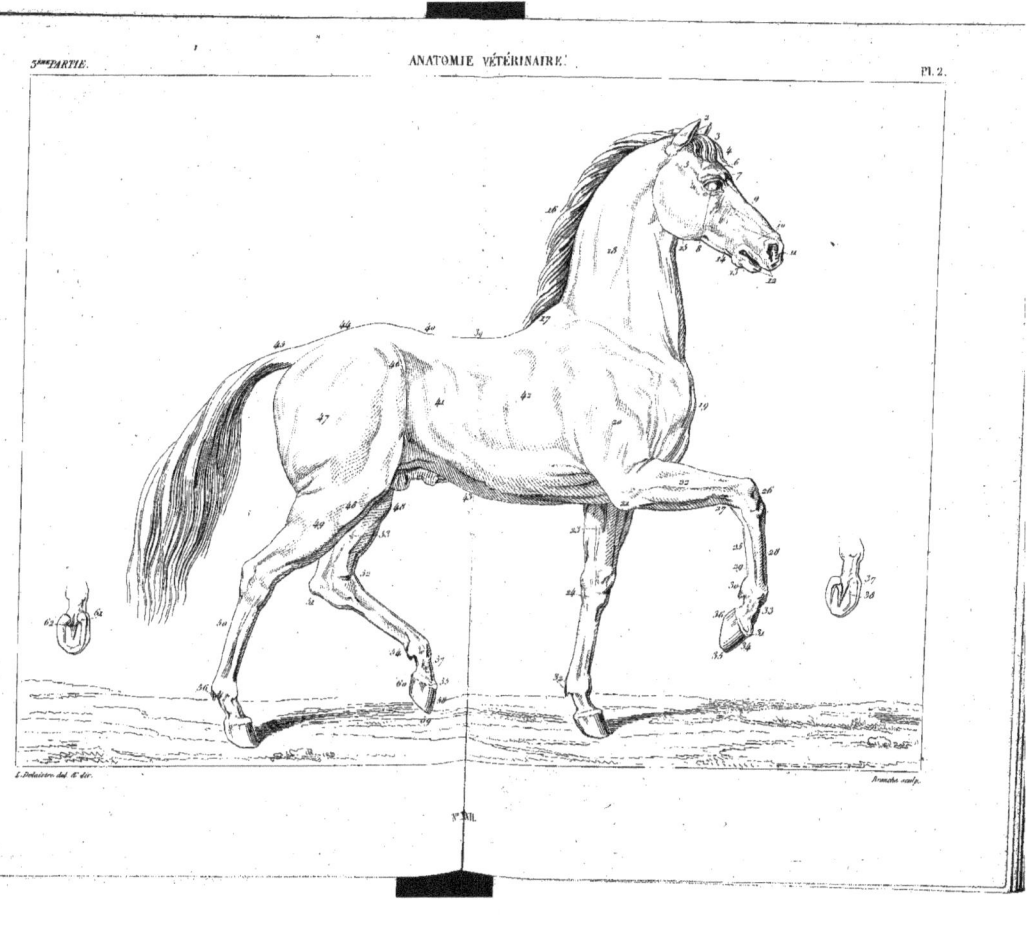

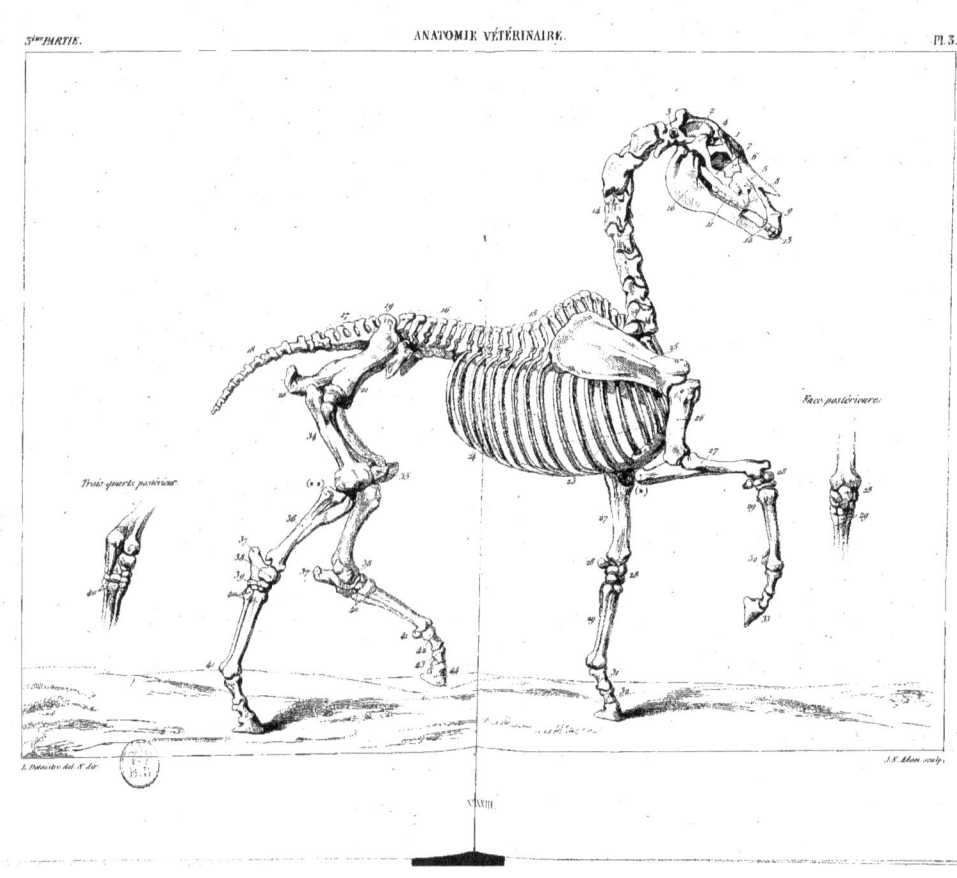

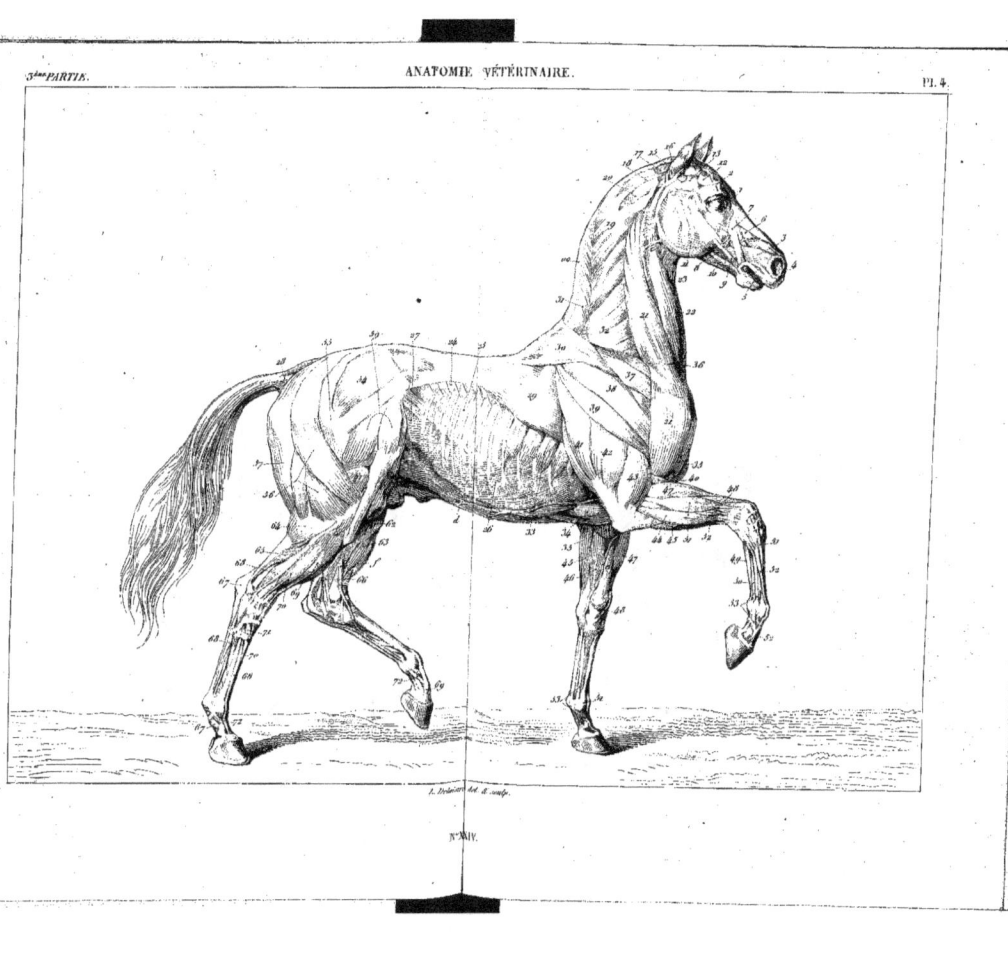

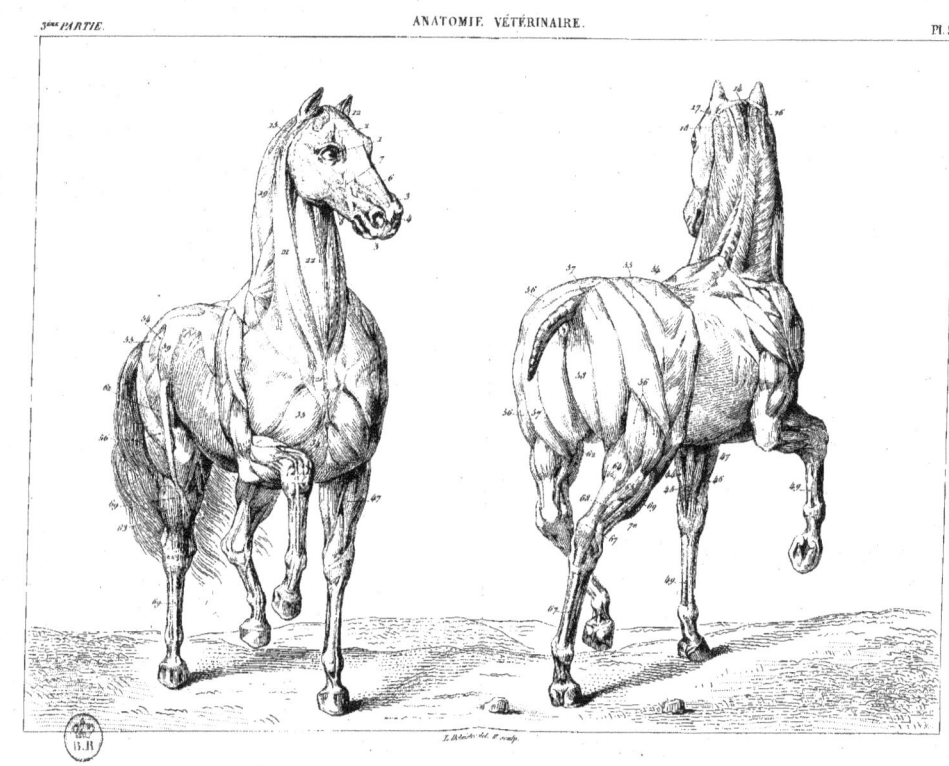

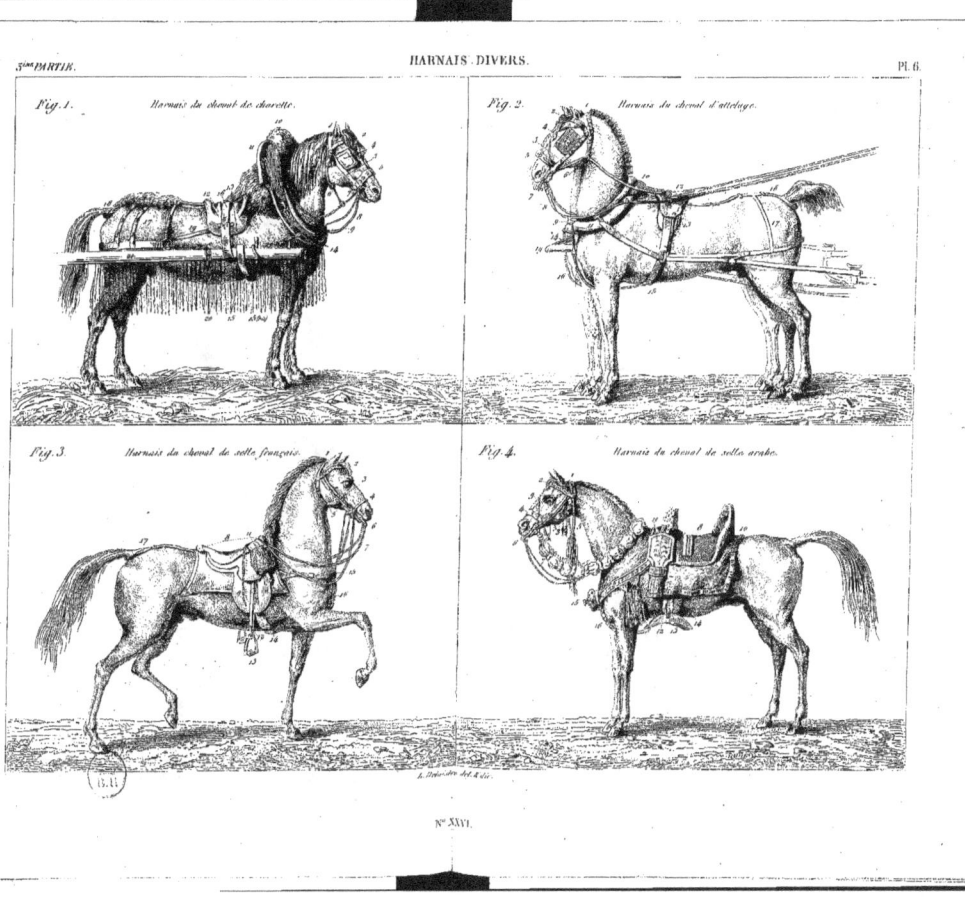

3ème PARTIE.   COMPOSITION DU SUJET.   Pl. 7.

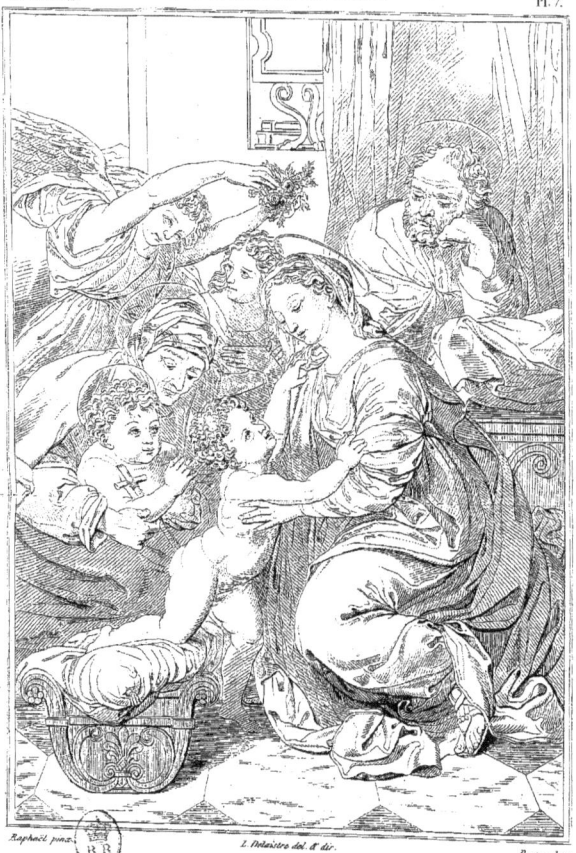

La S.te Famille de J. C.

N° XXVII.

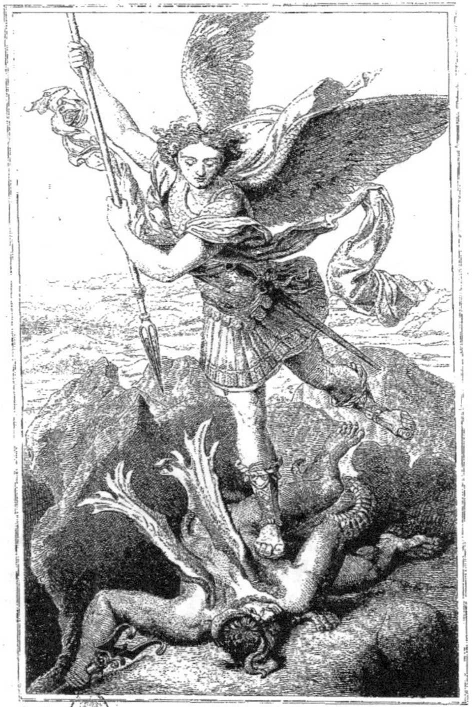

2.me PARTIE.
COMPOSITION DU SUJET.
Pl. 7.me

S.t Michel terrassant le Démon.

N.° XXVIII.

3.ᵉ PARTIE. COMPOSITION DU SUJET. Pl. 8.

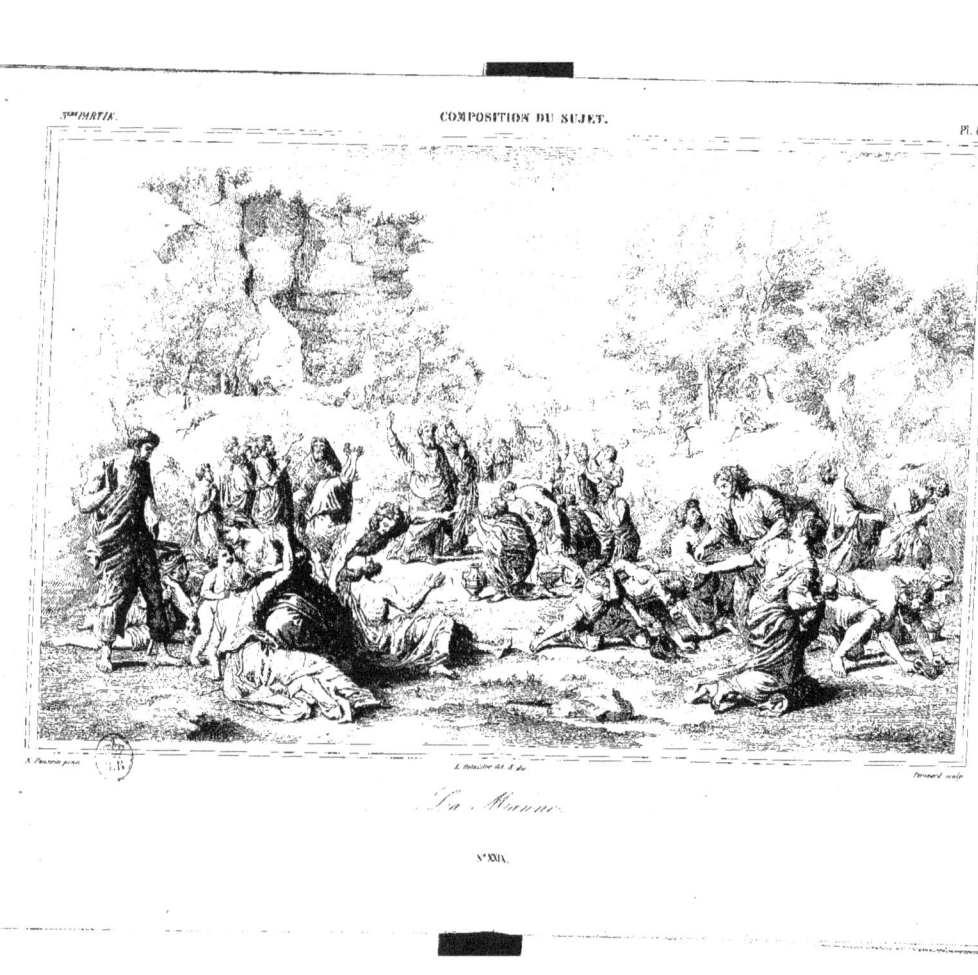

La Manne.

N.° XXIX.

5ème PARTIE. COMPOSITION DU SUJET. Pl. 9.

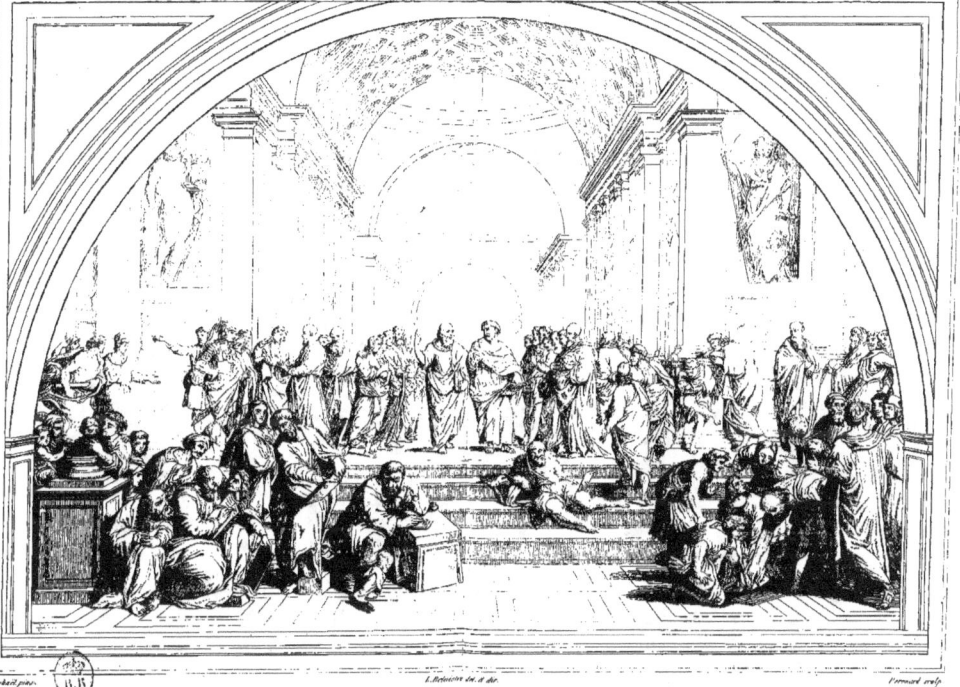

L'École d'Athènes.

N° XXX.

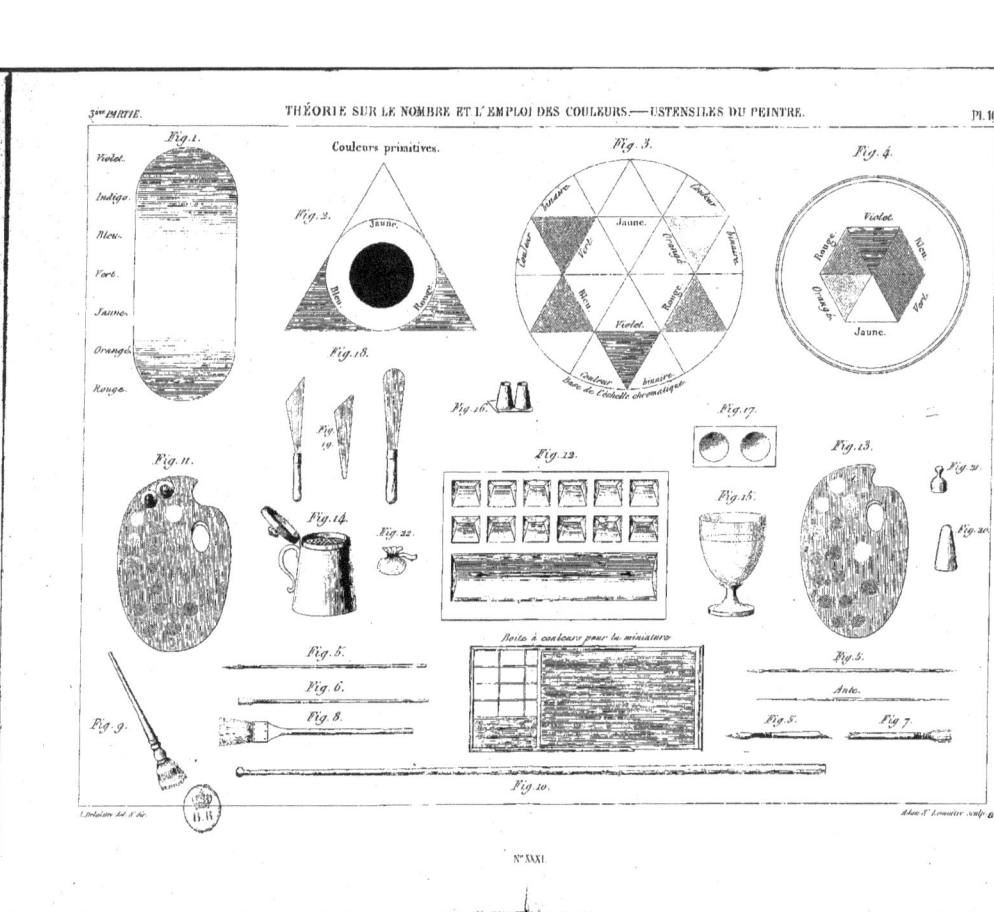

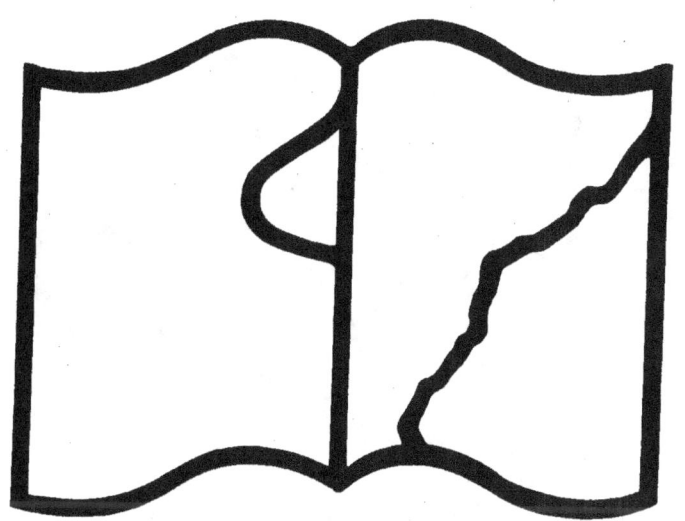

Texte détérioré — reliure défectueuse

NF Z 43-120-11

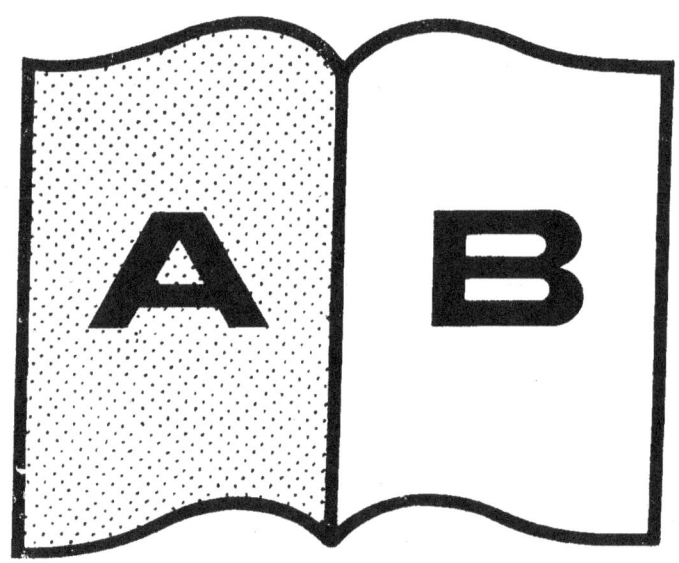

Contraste insuffisant
NF Z 43-120-14

www.ingramcontent.com/pod-product-compliance
Lightning Source LLC
Chambersburg PA
CBHW030101230526
45471CB00003B/1194